स्त्री की रोटियाँ बनती नहीं गोल हैं....

(कविता–संग्रह)

"....अचानक तुम्हें मेरी ज़िंदगी में
फ़रमाइशी गीत–सा आते सुना
और सच में तुम सामने मिले
मानो थम–सी गई हों सांसें मेरी....
जैसे निर्णय मुक्ति और बंधन दोनों का
मिल गया हो...."

पूनमश्री

नोशन प्रेस, चेन्नई

स्त्री की रोटियाँ बनती नहीं गोल हैं....
(कविता–संग्रह) पूनमश्री
प्रथम संस्करण– जनवरी–2025

सर्वाधिकार : पूनमश्री

ISBN : 979-889699098-7

Book- Stree ki Rotiyan banti nahi gol hain
(Poetry Collection) by Poonamshree
Price : 220/-

शब्द–सज्जा, आवरण, संकलन तथा संपादन
डॉ किशोर सिन्हा
सभी चित्र : पूनमश्री
मूल्य : रु. दो सौ बीस मात्र

माता—पिता के लिए....

क्रम

चुपके से बहुत कुछ कह जाती हैं श्री की कवितायें....

मैं श्री को पहली बार आकाशवाणी में मिला था। मेरे एक नाटक में वह भाग लेने आई थीं। उसके बाद भी वह मेरे कई नाटकों का हिस्सा रहीं। वो जब भी आईं, मैंने उन्हें अपने आप में सिमटी हुई, सकुचाई–सी पाया.... जितना बताया, उतना कर दिया.... बस। वो बहुत कम बात करती थीं। इसी दौरान एक बार पता चला कि मैथिली का कोई एक नाटक होने वाला है, जिसमें श्री की भूमिका भी है। आज उस नाटक की याद तो मुझे नहीं है, पर मैं नाटक देखने गया। उस नाटक में श्री की भूमिका अच्छी–ख़ासी थी और मैं उनके अभिनय से काफ़ी प्रभावित भी हुआ था।

उसके बाद मैंने उन्हें एक–दो हिंदी नाटकों और कुछ टीवी धारावाहिकों में भी देखा। कुछ समय के लिए वे आकाशवाणी, पटना में समाचार भी पढ़ती रहीं और इस दौरान भी आते–जाते मुख़्तसर–सी मुलाक़ात होती रही।

बीच में काफी लंबा अरसा बीत गया जब हमारी कोई बात नहीं हुई। लेकिन इतना ज़रूर था कि सोशल मीडिया के माध्यम से अपने रचनात्मक कार्यों के ज़रिए वे हमेशा अपनी एक धमक बनाती रहीं। कभी अपने मिथिला आर्ट की कला प्रदर्शित करतीं, कभी कविता के माध्यम से जीवन के उजले और काले पक्षों को उजागर करतीं तो अचानक कभी गाने गाती हुई प्रकट हो जातीं और कभी अधिक रचनात्मक हुईं तो घर में बेकार पड़ी चीज़ों से कुछ कलात्मक कृतियां बनाती हुई दिख जातीं। कहना न होगा कि श्री मुझे हर रूप में परफ़ेक्ट लगीं।

मेरी सेवानिवृत्ति के बाद श्री से यदा–कदा फ़ोन पर ही बातें होती थीं। सोशल मीडिया के माध्यम से ही इनकी अधिक कविताएं मेरे सामने आईं, जो इनके व्यक्तित्व की भांति ही एक संकोच और आत्मलीनता से भरी थीं; बावजूद इसके इन कविताओं में घर, परिवार, समाज और आपसी रिश्तों की चिंता मौजूद है। कविता का ये पक्ष मुझे हमेशा प्रभावित करता रहा, इसलिए मैंने कहा कि ''श्री आपका एक संग्रह आना ही चाहिए....'' अपनी मूल प्रकृति के अनुरूप तब उन्होंने इसमें कोई बहुत उत्साह या दिलचस्पी नहीं दिखाई।

चंद रोज़ पहले ही मैं उनसे मिला तो मैंने फिर कहा, ''श्री आपकी कविता की किताब अब आ जानी चाहिए.... आप जब दूसरों के लिए बहुत–कुछ करती हैं, तो कुछ अपने लिए भी करना चाहिए.... ।'' इस बार वे थोड़ी–सी खुलीं और उनके अंदर एक बाल–सुलभ उत्साह नज़र आया, जैसे किसी बच्चे को उसका कोई मनपसंद खिलौना मिलने जा रहा हो। इस तरह श्री के इस संग्रह की पृष्ठभूमि बनी।

श्री की कविताएं आपके सामने हैं। ये कवितायें भाषा और शिल्प के चमत्कार प्रस्तुत नहीं करतीं; ये कविताएं आपको चौंकाती भी नहीं; बल्कि ये आपका हाथ पकड़ हृदय के अतल में ले जाती हैं; क्योंकि ये कविताएं बुद्धि और विचार से नहीं, हृदय और मानवीय संवेदनाओं से सिक्त होकर अनायास पानी की तरह बहती चली आई हैं।

(डॉ. किशोर सिन्हा)
लेखक और नाटककार

लेखन में ख़ुद को खोजती श्री....

पूनमश्री, पटना में पैदा हुईं और पटना में ही रहती हैं। वो गाती हैं, मिथिला पेंटिंग आर्ट एंड क्राफ़्ट करती हैं; साथ ही, मैथिली–हिन्दी रंगमंच की कलाकार हैं.... स्थानीय फ़िल्मों में काम करती हैं, रूफ़ गार्डेन में फूलों–पौधों के साथ सब्ज़ियां उगाती हैं..... जैसा मैं इन्हें जानती हूं, फूल–पौधों की दीवानी हैं। यही कारण है कि हर इंसान से इनका जुड़ाव स्वाभाविक रूप से हो जाता है।

ये फ़ेसबुक पर बहुत सक्रिय हैं और लिखने–पढ़ने की बेहद शौकीन हैं। निस्संदेह जितना मैंने पूनमश्री से बातचीत के बाद जाना, उनके सुरुचि–सम्पन्न व्यक्तित्व में उनके परिवार की पृष्ठभूमि का बहुत बड़ा योगदान होगा।

वे कवितायें और फुटकर नोट लिखती रहती हैं.... सुरीला बोलती हैं और मध्यम सुर में लिखने–गाने वाली शर्मीली, थोड़ी संकोची लेखिका हैं। उनकी कविताओं के केंद्र में प्रेम, उसके विध्वंस और निर्माण की भावना प्रमुख है–
''मांग लूंगी मैं तुम्हें उस निर्माण से,
चमकते हो तुम वहां जिस व्योम में।''

प्रेम को जब भी हम रिश्तों से इतर और रिश्तों के अंदर भी व्यापकता से देखते हैं, ये प्रत्यक्ष व्यक्ति को तरंगित कर जाता है। ज़िंदगी कला की रचनात्मकता और प्रेम दोनों के लिए बहुत छोटी होती है। लेकिन प्रेम की भावना इसे बार–बार पुनरुज्जीवित करती रहती है–
''छू सकूं जो पल भर को,
आत्मा के मेरे ओ प्रहरी....''

यही एक ऐसी ताक़त है, ऊर्जा है जो सारी दुनिया को दोस्ती का पैग़ाम देती है। ये भी सत्य है, प्रेम का कोई भी रूप हो, उसमें सच्चे प्रेम को पाना अक्सर दुर्लभ होता है। कई बार मांगने पर भी नहीं मिलता। वो लेखन में खुद को खोजती लगती हैं—

''मैं हूं
फिर भी नहीं मिलती
खुद को....''

पूनमश्री नवोदित लेखिका हैं। उनके लेखन में पाठकों को काव्य की तकनीकी और वैचारिक ख़ामियां नज़र आ सकती हैं, लेकिन कविता के लिए सबसे ज़रुरी लयात्मकता, रिदम भरपूर दिखाई देती है—

''वो कहते हैं
न टूटना तुम
टूटती नहीं तो आशाएं
कैसी जगतीं
टूटना भी ज़रुरी है
उगने के लिए....''

उन्होंने अपनी भाषा में कोई चमत्कार नहीं खोजा, सीधे—साधे शब्दों का प्रयोग कर अपनी संवेदनायें व्यक्त की हैं।

'स्त्रियों की रोटियां बनती नहीं गोल हैं'— उनका पहला काव्य—संग्रह है। उनके अभ्यास और पढ़ने की ललक बढ़ती रहे। पूनमश्री ख़ूब लिखें, ख़ूब पढ़ें, उनकी कविताओं में और निखार आये। मेरी बहुत—बहुत शुभकामनायें और बहुत सारा स्नेह....।

गीता गैरोला
प्रतिष्ठित लेखिका एवं समाजसेवी
(देहरादून)

कल्पना व यथार्थ के मिश्रण का जीवंत उदाहरण.....

कवि का मन कभी शांत नहीं हो सकता। ब्रह्मांड में गतिमान ग्रहों व असंख्य पिंडों की भांति उसके मन में विचार अविराम घूमते रहते हैं। इन्हीं विचारों के उठते बवंडर से रची जाती हैं कविताएं। प्रस्तुत कविता–संग्रह ऐसे ही मानवीय विचारों एवं भावनाओं का द्वंद्व है जो कविता–रूप में प्रस्तुत है।

मन की अवस्था को कवयित्री ने अपनी चंद पंक्तियों में कुछ इस तरह लिखा है–
''मन घर न घाट का चाहता
संसार भी संन्यास भी
सन्देह और समाधान भी
बीच छलिया जड़बुद्धि रहा खड़ा।''
मन की अवस्था अस्थिर है। ये दौड़ता है, यह ठहरता है। मन चंचल भी है, मन जड़वत भी। इसीलिए कहा गया है– ''मन की मति न जाइये, मन चंचल मन चोर।''

इसी क्रम में कवयित्री कहती हैं–
''टहनियों पर उघड़ी हुई कथाएं बोलती हैं।''

प्रस्तुत संग्रह से उद्धरित पंक्तियां इस बात को पुख्ता करती हैं कि कविताओं का जन्म अकस्मात् नहीं होता। यह कवि–मन के भावों से अंकुरित होता है जिस पर उग आती हैं कविताओं की कोंपलें–
''वह चित्रकार आएगा
नव पल्लव टांग जाएगा
जन्म लेंगी कई कथाएं संग कोंपलों के
साक्षी बनेगी धरा
इंद्रधनुषी रंगों की।''

यह सत्य है कि कवि अपनी कल्पनाओं से पाठक को एक नई दुनिया की सैर कराता है। वह ऐसा चित्रकार है जो कथाओं के पात्रों में कल्पनाओं की कूची से रंग भरता है।

कवयित्री पूनमश्री का यह प्रथम काव्य-संग्रह है जो कल्पना व यथार्थ के मिश्रण का जीवंत उदाहरण है। कवयित्री ने अपने इस प्रथम संग्रह में प्रेम, द्वेष, श्रृंगार, स्त्री-पीड़ा, समर्पण, त्याग जैसी समस्त मानवीय संवेदनाओं को समेटकर शब्दरूपी माला में पिरोने का प्रयास किया है, जो सराहनीय है।

ये कविताएं सीधे पाठक के मन को छूती हैं। लेखन के क्षेत्र में यह प्रथम संग्रह नए प्रतिमान स्थापित करने की संभावनायें प्रस्तुत करता है। इस काव्य-संग्रह के लिए मैं आदरणीय कवयित्री पूनमश्री को ढेर-सारी शुभकामनाएं प्रेषित कर उज्ज्वल भविष्य की कामना करता हूं।

सुनील पंवार
युवा उपन्यासकार
(हनुमानगढ़, राजस्थान)

शब्द—पुष्प....

'एक ख़्वाब, जिसे छूना चाहूं'— पूनमश्री की इस पुस्तक के लिये कुछ इसी तरह का भाव उत्पन्न होता है मेरे मन में। श्री अपने जीवन में अत्यंत संवेदनशील हैं— चाहे वह मनुष्य हो या जानवर— सभी के प्रति अपने मन में करुणा रखती हैं, प्रेम रखती हैं। उतनी ही संवेदनशीलता से वे रचना भी करती हैं। कहते हैं न कि अच्छा कवि वही है, जिसमें संवेदना हो, प्रेम हो, करुणा हो।

कोई व्यक्ति अच्छा लेखक बन भी जाये पर ज़रूरी नहीं कि वह अच्छा मनुष्य भी हो! एक अच्छे व्यक्तित्व का निर्माण करना तपस्या है, संघर्ष है.... एक त्याग है, अच्छा मनुष्य बनने तक का सफ़र..... इस दृष्टि से निस्संदेह पूनमश्री—जैसी कवयित्री समाज में अपनी उपस्थिति दर्ज़ कराने में सफल होती हैं।

श्री एक प्रतिभाशाली लेखिका हैं, जिनकी कविताओं में प्रेम और जीवन की गहराइयों को बड़ी सादगी से उकेरा गया है। उनकी सरलता और गहन चिंतन किसी भी कविता में महसूसा जा सकता है। इनकी कविताएं प्रेम और जीवन के गहरे पहलुओं को बड़ी ही संवेदनशीलता और गहराई से व्यक्त करती हैं। इनके लेखन में एक सादगी है, जो हर शब्द में झलकती है। उनकी कविताएं स्त्री के मन को छू जाती हैं और सोचने पर मजबूर करती हैं।

श्री सिर्फ़ एक समर्थ कवयित्री ही नहीं, बल्कि एक कुशल मिथिला पेंटिंग और मंडला आर्ट की कलाकार भी हैं जो संगीत के क्षेत्र में भी निष्णात् हैं। ये थिएटर में कई राष्ट्रीय पुरस्कार प्राप्त कर चुकी हैं। उनके ये विविध आयाम उनकी कविताओं में भी सजीव रूप से प्रकट होते हैं। मेरे लिये यहां, इस पुस्तक के लिये कुछ शब्द उपहार—स्वरूप लिखना एक सौभाग्य की बात है।

पाठकों से मेरा विनम्र आग्रह है कि वे इस पुस्तक को अवश्य पढ़ें और अपना स्नेहाशीष दें। हमारी असीम शुभकामनाएं कि यह पुस्तक विद्वतजनों के हाथों तक पहुंचे और लेखिका अपने भाव पाठकों की आत्मा तक पहुंचाने में सक्षम हों.....।

सोनी नीलू झा
लेखिका

मुखर हुआ मौन.....

ज़िंदगी कब यहां तक ले आई, पता ही न चला.... कुछ दायित्व, कुछ अधिकार, कुछ विश्वास होता है हम सबका एक–दूसरे पर.... और इनमें हमेशा कुछ ख़ास लोग शामिल होते हैं।

मैं बचपन से बातूनी होते भी सहज रहती, लेकिन मन के कपाट–कोष की एक परत हमेशा धुआं–धुआं–सी होती रहती।.....

आकाशवाणी में नाटक और समाचार–वाचन के साथ–साथ, रंगमंच पर अभिनय– मेरी दो बांहें थीं। मन का हर कोना संपूर्णता लिए सांसें नहीं ले सकता और यही अपूर्णता हमें सृजन की तरफ़ ले जाती है। बचपन में संगीत का शौक़ इतना था कि मुझे हथौड़े की धमक में भी लय और ताल महसूस होता। पर संगीत की विधिवत शिक्षा अपूर्ण रह गई..... ईश्वर हमेशा वही नहीं करते जो आप चाहते हैं; ईश्वर आपके लिये क्या बेहतर है, वो चुनते हैं।

स्कूल–कॉलेज करते–करते जाने कब पारिवारिक ज़िंदगी में प्रवेश कर आम घरों की स्त्रियों–सी उलझती–पुलझती गई, पता ही न चला। मैं पेड़–पौधों में अपना जीवन ढूंढ़ती, उनसे बातें करती। मुझे निर्जीव वस्तुओं में भी प्राण दिखता; लेकिन इसे बोल नहीं सकती थी, पता नहीं लोग क्या समझते....। तब कुछ सखियां थीं, पर उनसे भी मन के भाव बांटने का सवाल ही नहीं उठता था। इसी दौरान मां बनने का सौभाग्य प्राप्त हुआ.... वह मेरे जीवन का सबसे अनमोल पल था। इस बीच मैं आकाशवाणी, पटना में समाचार–वाचन करती रही और रेडियो नाटकों में हिस्सा भी लेती रही। मेरे माता–पिता डायरी लिखा करते थे। सो मैंने भी हाईस्कूल से डायरी लिखना शुरू किया, पर हर वर्ष 31 दिसंबर को रात बारह बजे मैं डायरियो

को जला देती थी।... ये सिलसिला विवाहोपरांत भी चलता रहा। अब आपके ज़ेहन में प्रश्न आएगा कि ऐसा क्यूं...? ऐसा इसलिए कि मैं अपने मन के भावों को किसी अन्य के समक्ष प्रस्तुत नहीं करना चाहती थी, नहीं चाहती थी कि लोग मुझे संवेदनशील समझें...। इसलिए खुद का ही लिखा बार—बार मिटाती रही। जो लिख पा रही थी, वह क्या और कैसा है; इससे बिल्कुल अनजान...।

शुक्रिया आभासी फ़ेसबुक की दुनिया..... कोरोना—जैसी महामारी में पिता (रुद्र नारायण ठाकुर) को खोने का दर्द कम करने के लिए मैं यहां जुड़ गई, जहां सखी/सखाओं ने मेरा ख़ूब उत्साहवर्द्धन किया। इसीलिए इस पुस्तक को मैं भूमंडल पर घटित अनेक घटनाओं— प्रेम, घृणा, महामारी, बुढ़ापा, प्रकृति, झूठ, आनंद आदि भावों के अनन्त साक्षी—शब्दों को पिरोकर प्रस्तुत कर रही हूं।

हर वर्ष 29 दिसम्बर को मेरा जन्मदिन आता है। बीते वर्ष 2024 में, मेरे जन्मदिन के दो दिन पूर्व डॉ. किशोर सिन्हा सर, (सुप्रसिद्ध लेखक, नाटककार और आकाशवाणी के पूर्व कार्यक्रम—प्रमुख) अपनी कुछ पुस्तकों के साथ मेरे घर आये। उन्होंने मुझे अपनी किताबें भेंट कीं। उनके जाने के बाद मैं उनकी एक पुस्तक 'तीस साल लंबी सड़क', जो उनकी जीवन—यात्रा के बारे में है— अगले चौदह—पन्द्रह घंटों में पढ़ गयी। इसमें जीवन की जद्दोज़हद और सफलता पाने तक के ब्योरे को उन्होंने जिस प्रकार वर्णित किया है, उससे मुझे एक नई रौशनी दिखाई देने लगी। एक धुंधला ही सही, पर कुछ अस्पष्ट—सा चित्र उभरता दिखा। मन ने भीतर—ही—भीतर जैसे कोई अव्यक्त संकल्प लिया। दो दिन के बाद मेरे 'हां' कहने पर उन्होंने इस संकलन के कवर के लगभग तीस ड्राफ़्ट तैयार कर मुझे भेजा। मेरे इस बार के जन्मदिन का इससे बेहतर तोहफ़ा भला और क्या हो सकता था....! उसमें से एक ड्राफ़्ट फ़ाइनल हुआ, जिसे चुनने में सोनी नीलू झा ने भी मदद की। किशोर सर का बहुत—बहुत आभार,

उन्होंने और उनकी पुस्तक ने ही दरअसल मेरा उत्साह बढ़ाया और इस पुस्तक के प्रकाशन के लिए एक तरह से मुझे उकसाया। मुझे याद है, किशोर सर ने पुस्तक–प्रकाशन में मेरी रुचि न दिखलाने पर कहा था– "श्री जब आप रोटियां बनाती हैं तो ख़ुद खाती हैं या सबको परोसती हैं....?" ये बात छोटी ज़रूर थी, पर व्यापक अर्थ लिए थी। सच कहूं तो उनके इसी वाक्य ने मेरी रचना को एक दिशा दे दी, जो अब आपके सामने प्रस्तुत हो रही है।

इस पुस्तक के कवर को मैंने जैसे ही फ़ेसबुक पर शेयर किया तो कई मित्र चौंक गये। साहित्य–संस्कृतिकर्मी किशोर केशव भाई जी तो घर पहुंच गये। उन्होंने बधाई दी और कहा "बौआ (घर के लोग मुझे इसी नाम से पुकारते हैं), बहुत अच्छा लगा देखकर...." इसके बाद उन्होंने नए–पुराने दौर की कविताओं के बारे में ख़ूब सारी बातें बतायीं। उनके इस एकतरफ़ा प्रवचन ने मेरे मन के भीतर बची–खुची शंका और संकोच को जैसे ख़त्म ही कर दिया। उनसे हिम्मत जुटाकर मैंने पूछ ही लिया– "क्या आप मेरी कुछ टेढ़ी–तिरछी कविताएं सुनेंगे....?" उन्होंने उल्लासपूर्वक हामी भरी और मैं एक–एक कर सुनाने लगी। कविताओं पर उनकी टिप्पणी कम–से–कम मेरे लिये तो अप्रत्याशित थी.... और उन्होंने जैसे समापन किया, "अब रुकना नहीं, रचती रहना, अनवरत.... ।"

आगे क्या, कैसा रच पाउंगी, नहीं मालूम। पर जो अबतक लिखा है, उनमें से कुछ चुनिन्दा कविताएं भारी ऊहापोह के साथ प्रस्तुत करने का साहस कर रही हूं। **'स्त्री की रोटियां बनती नहीं गोल हैं'**– कविता–संग्रह में मैंने अपने सृजन को शीर्षक में नहीं बांधा है, अपनी तरह ही मुक्त रखा है, पर निश्चित ही ये आपके मनानुसार होंगे और इसके हर पन्ने के शब्दों का मेल आपको अपना लगेगा।

अन्त में, उन सभी ज्ञात–अज्ञात बन्धु–बांधवों का हार्दिक आभार, जिनमें से कुछ ने बहुतेरे बार मुझे तोड़ा तो कइयों ने जोड़ा भी। काव्य–शब्दों को जोड़ने के मुख्य स्रोत भी शायद यही दोनों हैं।

मैं अपनी मम्मी (निर्मला ठाकुर), भैया (डॉ. कर्नल प्रदीप कुमार ठाकुर–सेना के अवकाशप्राप्त चिकित्सक), भाभी (रेणुबाला ठाकुर–शिक्षिका), बहनों (मधु ठाकुर तथा इन्दु रानी–दोनों आईएएस अवकाशप्राप्त), बेटा ईशान (इंजीनियर), मित्र नील एवं कात्यायनी (दोनों लेखिका) को धन्यवाद कहकर उनके उपकार और मेरे प्रति विश्वास को छोटा नहीं करूंगी। नेपथ्य के ये वही अभिनेता हैं जो हर अच्छे–बुरे दौर में मुझे रचते रहने और पुस्तक–प्रकाशन के लिए प्रोत्साहित करते रहे हैं; अनवरत और अनथक.... उसी का प्रतिफल आज अपने पाठकों को सौंपते हुए खुश भी हूं और उत्साहित भी।

और हां, मेरे पति सुरेन्द्र आचार्य का प्रोत्साहन और सपोर्ट न होता तो शायद मैं यहां होती ही नहीं। उनके लिये क्या कहूं.... बस यही कि आप हो तो मैं हूं....

हां, आप यकीन मानिए, भविष्य में मेरी रोटियां गोल भी अवश्य बनेंगी; इसी उम्मीद के साथ.... खुद के प्रति सम्मान के लिए ये कविताएं किताब की शक्ल में अब आपके हाथों में सौंप रही हूं....। कृपया स्वीकारें और अपनी प्रतिक्रिया से ज़रूर अवगत करायें....।

पूनमश्री

राजीव नगर, पटना
24 जनवरी, 2025

❀1❀

नववर्ष में खुद से वादा
अपेक्षाएं न्यून कर दीं
सृजन की ख़्वाहिशें बढ़ जाने पर
देखा....
खुशी, पहले के अनुपात बढ़—सी गई
उदास होना छोड़ दिया
वो उल्टे नंगे पांव लौट गई जैसे
राहें जो तुम बिन लगती थीं सूनी
अब वहां सृजन के मेले हैं
जिसमें सिर्फ़ उम्मीदें बिकती—जगती हैं
और मैं हर पल आंखों में
उम्मीदों की कतली से बुनती खुशियां बेच रही,
अपने लिए इक बुनी थैली ले आई
जिसमें नववर्ष की मंगलकामनाएं
प्रेम से भरी सैकड़ों भावनाएं
सौगात—स्वरूप भर दिया मैंने....

गुनगुन करती,
धीमी प्यार की धुन संग मैं, श्री
थिरकने को खड़ी अब
घुल जाने को तैयार
अब साथ तेरे....

◈2◈

बूढ़ी हो जाती हर वो स्त्री
पीहर से ज्यों आती ससुराल है
उम्र बारह की हो या इक्कीस–तीस
बूढ़ी है वो हर स्त्री जब ही ब्याह दी जाती है....
ज़िम्मेदारी उठाते
न जाने कब पचास की हो जाती है स्त्री....

फ्रॉक से पांच गज में लिपटी ये स्त्री
बूढ़ी सिर्फ़ तब नहीं होती जब
इनके वो की नज़रों में
मेनका बन तनी–कसी
बिस्तरों पर सिलवटों के बदले जाने की क्रिया का
अनुपालन कर रही होती है....

बूढ़ी तो वो तब भी है
जब पति, बच्चों के संग
खजुराहो की मूर्तियां तकती ताने सुनती है
मत देखो, क्या यही संस्कार है....?

बूढ़ी तब भी करार दी जाती है स्त्री
जब अपनी उम्र की सहेलियों के साथ
स्पाउट बना तस्वीरें लेती है....
शोख़ लाल चटख़ ऊर्जा के रंगों में
खिलखिलाती है....
हर तानों के तीर से परे
क्षण भर जीना चाहती है....
उफ़्फ...!

और कितनी बूढ़ी होगी ये बूढ़ी स्त्री....?
बूढ़ी तो वो हो जाती है तभी
जब बिंदु–मात्र थी
अपनी मां की कोख में
श्मशान में
लपटों की
ऊंची उठती चिंगारी के साथ
धप्प से राख बनने तक
ये बूढ़ी किशोरी स्त्री......

✼3✼

कुंकुम
अग्निशिखा–सी रीत बन
माथे पर चिपक गया था,
अभियुक्त–सा आभास लिये
जुआ में
द्रौपदी–सा हारना
खुद की
रूहें भी नाराज़ दिखती थीं उससे
ये चुप रहने की आदत
न जाने किस सदी से पड़ी थी उसमें....
आज
बाहें हिलीं उसकी
कलाई हवा में उठ घूमी है
अटका विश्वास अभी–अभी जीवित हुआ
अग्निशिखा ठंडी होने को है
आतुर.....

❦4❦

रोज़ आहिस्ते से आता
वो घटकार....
मंद–मंद तापरहित
इक रोज़ घटा जाता
गिनती का एक दिन....

बातों से आती सुगंध है....
चुप्पी से आती गंध है....
दायें–बायें का खेल जिंदगी
कथा–कहानी बांचती बंदगी....

क़ानून धर्म से है परे.....
संदेह तर्क से छूटता जब
घुंघरू छनकी कभी कहां उसकी
ड्योढ़ी से बाहर कंधों पर ही निकली....

7

टहनियों पर उघड़ी हुई कथायें
बोलती हैं—
वो चित्रकार आएगा
नव—पल्लव टांग जायेगा
जन्म लेंगी कई कथायें संग कोंपलों के.....
साक्षी बनेगी धरा
इन्द्रधनुषी रंगों की.....
बीज गिरेगा
नन्हे पौधे उगेंगे
हरे हो जायेंगे मन
चांदनी रातें धुल जायेंगी.....
हां, वो चित्रकार आयेगा
मेरी हिचकी पहुंची होगी चिट्ठी—संग
हां, वो चित्रकार आयेगा.....

❈४❈

वो झूठ को भी रिश्वत देता था
क्यूंकि सच उसका बहुत कड़वा था।

कुशल शासक—सा हाथ बढ़ा उसका
संधिपत्र मतलब का था पता ना चला।

सुलफ़े में होती उदारता उनकी
भिखारी कोई वहां न बैठा होता।

हमदर्दी—जैसे शब्द लगते कठोर अब
जबसे अस्तित्व मेरा ठिकाने लगा है।

नाड़ियों की हालत बिगड़ती गई
नफ़रत रेत—सी जब बिखरती गई।

तुम जैसे कभी झूठ बोला नहीं करते
अदालत में आकर मुझे जो रुसवा करते।

सारा आसमान समेटे रहे जिसकी ख़ातिर हमने
सिमटे थे वो किसी बदन का सहारा लिये।

आंखों से आंसू उतर ही आये मेरे
फ़लसफ़ा इश्क़ का ऐसा पढ़ा उसने।

हड्डियों के शहर में जब सहर हुई
इक भी टुकड़ा चंदन का मिला नहीं।

गन्ध, ख़ुशी, नफ़रत की थी उससे
वो ख़ुद का भी सगा निकला नहीं।

जानने ना चाहने की कोशिश की उसने
सौतेली—सी चाहत जायज़ कहां थी भला।

◈७◈

सौदा मुट्ठी–भर अनाज का
सौदा मन–भर शरीर का
सौदा करोड़ों एहसान का
सौदा अरबों शर्मिंदगी का
सौदा खरबों टूटे सपनों का
पिस जाती है घुन–सी
जब अपने ही बनिया बन
कथा सुना परायों में
बांचते/बांटते फिरते हैं....
बहलाती है टुकुर–टुकुर देख
मंदिर की बेजुबान मूर्तियों की तरह खुद को
जहां भिक्षा भी स्वाद की मुरादों–सी मिलती है
मिली तो ठीक.... ना मिली तो क़िस्मत का दोष।

❧10❧

प्रेम में ,
प्रेम के लिए,
प्रेम के प्रति,
तुम्हारा समर्पण—भाव, तुम्हारी निष्ठा
पल—पल
मुझे तुम्हारे भावों के और क़रीब लाती है.....
सावित्री की बात सत्यवान के लिए आज नहीं
करूंगी,
सत्यवान बन सावित्री से
तुम प्रेम के प्रति मिसाल हो
सलाम उस नगर
उस डगर को जिस गली
तुम्हारा मकाम है,
मेरे गमले में उग आए
धान—दूब से हो तुम
पथगामिनी.....

❧11❧

आकाश में टंके तारे–सी हूं....
जैसे आकाश की चादर पर वो तारे टिमटिमाते हैं न
मैं भी इस धरती की चादर पर एक तारे–सी टिकी हूं....
जद्दोज़हद करती
रोज़ जीती और मरती हूं....
पर मेरा प्रकाश स्वयं का है
हां, जैसे हवा के घनत्व के कारण
तारों से आने वाली रौशनी
अपवर्तित होकर कभी ज़्यादा कभी कम
विचलित होकर टिमटिमाती है....
वैसे ही मैं भी
अपने प्रेम के मोल से
घनत्व की परतों को चीरती
कभी कम, कभी तेज़ होते
अपने होने का आभास दिला जाती हूं....।
हां, मैं एक तारा हूं चांद नहीं
क्यूंकि मेरी सतह से कोई सूर्य की रौशनी टकराती नहीं
इसलिए किसी का मुझपर उधार नहीं
एक शुद्ध प्रेम में पड़ा तारा
जब टूट कर ज़मीं से टकराता है
हमारे हाथ प्रार्थना में जुड़ जाते जैसे हैं
वैसे टूट कर जब गिरूं मैं भी
आसमान में टंके जाने के क्रम में
दुआ करेंगे तब कुछ लोग
बेटी इस–सा देना
फिर मेरी चमक तुम भी देखना....।

❦12❧

धुन छूटी, मन टूटा
सुर कहीं तेरा घुटा
मन भी सीमा से आगे
तन जो रीति में भागे
हर चरित्र का देखो लेखा
क़िस्मत क्यों रखती लेखा–जोखा
वीणा को तुम छेड़ो फिर से
पकड़ छोर जो छूटा सिर से......

❧13❧

इक परिंदा मन भी है
इक परिंदा तन भी है
इक परिंदा धन भी है......

मन परिंदा बेशक रखना
लौट सांझ रूमान ही चखना
परिधि बेशक दूर गगन हो
यही भाव हृदय तुम रखना.....

❧14❧

नायाब है तुम्हारी बेवफ़ाई
क्रूर चेहरे पर रंगों की है पुताई
लोग समझते रहे ज़फ़ा है मेरी
निकली कांचनी दुनिया ही हरजाई.....

❦15❧

यादों के पन्ने
सिरहाने लिये अब मैं सोती नहीं....
चुभते, गड़ते हैं ऐसा भी नहीं
धंसते हैं समाधि के अवसर पर
कई बार वो मुझमें.....

❧16❧

चुन रहा था मन कहीं
जले चंदन में तन मिले कहीं
ख़ामख़ाह मोहब्बत ढूँढ़ती थी
नाजायज़ बातों में उसके कहीं......

❦17❧

झुक जाती हूं
जब
अमलतास के गुच्छे,
हवाओं के साथ
मुझे छू कह जाते हैं
बिन रंगों के भी मुझमें
रंगी–सी लगती हो.....
अमलतास....!
बिल्कुल बोका हो तुम.......

❦18❧

मन
घर न घाट का
चाहता
संसार भी संन्यास भी
संदेह और समाधान भी
बीच
छलिया—जड़बुद्धि रही खड़ी......

❧19❧

सहृदयता तुम्हारी
प्रचण्ड चहूं ताप है फैला
मन ना जाने रहा कुचैला
काया की माया में उलझे
भटके जाने कब ये सुलझे
म्नोहर, तुम अब तान सुना दो
तुमुल कोलाहल सब हटा दो
सौंदर्य सत्य का अब दिखला दो
अभिज्ञा शून्य का दाता अब बतला दो....

❧20❧

कपास–कोष के अंदर का घुआ
परत–दर–परत खुलता जैसे है
वैसे ही खुलता
नर्म, मुलायम
बातों का ख़ज़ाना तुम्हारा है......

❦21❦

नब्ज़ पकड़ा था जब तूने
ठुकरा गया था तब कोई
रगों में दौड़ता
क़तरा–क़तरा तेरे
एहसान के
एहसास में
डूबा–सा है......

❧22❧

शाश्वत प्रेम की तटस्थता
के ठीकरे फोड़ने वाले
पाशविक इंसान
भेष धारण कर
कब सरल इंसानों के बीच अपनी उपस्थिति दर्ज़
करा बैठा
पता ही नहीं एक सरल स्त्री को....
और तो और
खुद को बड़ी ख़ूबसूरती से
अपनी भाषा से
मंत्रमुग्ध करता
खुद को उसका हितैषी बना बैठा
आश्चर्य तब
जब एक–साथ
प्रेरणा–रूपी सरल स्त्री का
मनोबल गिराता हुआ
दूसरी कइयों को बहलाता रहा,
स्त्रियां दलदल में फंसती रहीं
वो लाभ उठाता रहा,
अपनी बातों से
सबको
बहलाता रहा, लुभाता रहा;
भान तब हुआ
जब
भाषा में अब उसने
भद्दी गालियां परोसनी शुरू कीं....

वो सरल स्त्री

इस स्वाद से थी अनभिज्ञ
वर्षों से अपनी दीनता दर्शा
मित्रता का ढोंग रचने वाला
पाशविक पुरुष
भद्दी भाषा के ख़ंजर को
उतार डाला उसके सीने में.....
स्त्रियां स्वभावगत् दूसरे को देख
जैसे व्यंग्य से हंसीं भी
पर
अट्टहास कर तत्क्षण
गईं सहम
कि अगले पल उनकी बारी आनी थी
सोच,
सरल स्त्री का बलिदान
हो न ख़ाली,
सभी ने एकजुट
अपनी शक्ति से
पाशविक पुरुष को
क्षितिज के पार
कर दिया
जहां से वो वापिस लौट कर
कभी आ नहीं सकता.....

उसने स्त्री को कमज़ोर समझने की,
की थी जो भूल
अब वो कर नहीं सकता,
अपनी घृणा की अग्नि में भस्म होता
पाशविक वो पुरुष....

❧23❧

देव,
तुम कहते फिरे आधार हो तुम मेरी
अब?
आधार की इक बुनियाद होती है
हालांकि
आधार के समांतर शब्द है ये
पर कहते हैं न हर वाक्य के साथ
अर्थ भी
बदल जाते हैं
जैसे तुमने अपने समय पर
सर्वस्व बदल दिया
ज़रूरतें बदल डालीं
मैं स्नेह में प्रतिबद्ध ही रही
क्यूंकि मैं हमेशा मौन ही रही
तुम टेकन (नींव) थे ना ?
अब भी हमेशा रहोगे
फ़र्क बस
प्रेम
स्नेह के आधार का ही नहीं
मान का भी है।
स्त्री प्यार में समर्पण
कर सकती है,
अमर्यादित नहीं
हो सकती।

❧24❧

मैं हूं
फिर भी
नहीं मिलती खुद से
व्यस्त या एकांत क्षणों में भी,
तुम्हारे गुनाह
बेशक तुम्हें न सताते हों
पर मुझे अब भी
तुम्हारी आवाज़ गूंजती
महसूस होती है
सैकड़ों भिनभिनाते,
लिजलिजे—से
अपशब्दों की बौछार
तुम्हारे ही किए के ख़िलाफ़
इकट्ठे कर रहे थे सबूत......
मैं काष्ठ मूर्ति—सी
प्रतिकार करके भी
प्रतिकार न कर पाई....

शायद कुछ था मेरे तेरे बीच
इकतरफा मेरा तुम्हें स्नेह करना.....
क्योंकि इस विभीषिका के
बावजूद
मैं तुम्हें ही चाहती रही
भूल अपने सारे सम्मान
क्या तुम्हें पता चला....?
कि मैं वाकई तुमपे
स्नेह, लाड़ लुटाती रही

इक बार ख़ुद को
ईमानदारी से मेरे पास बैठ
या
ख़यालों में ही सही
ख़ुद से पूछा होता
इतनी ज़लालत के बाद प्रेम
मुश्किल है या आसान.....
पर वाकई
प्रेम–स्नेह के सिवा मुझे
कोई दूजी भाषा आती ही नहीं।

❧25❧

अतिक्रमण जब–जब तुमने किया प्रेम का
प्रेम–भरी स्त्री स्नेह से शून्य होती गई।

तांडव कभी रचता नहीं नूतन सन्देश
घृणा सतत डेरा लिए रहा तुम्हारा।

चुपचाप दृश्य देखती तुम्हारे भाव को
जबतक प्रेम को व्यापक माने बैठे थे तुम।

सहज जिह्वा हुई स्त्री की अबाध जब अब
तेरे विधान पर प्रेम दंडित वैश्या बन बैठा।

निस्तब्ध तेरे संविधान पर ये विवान है
वास्तव में तू इक जटिल इंसान है।

ध्वनित होना अब स्त्री का कोई गुनाह नहीं
तेरे इश्रित प्रेम का कोई अर्थ नहीं।

तुमुल कोलाहल और कलह का तोड़ यही
विच्छेद स्नेह का अब यही लग्न सही।

फिर भी स्त्री काकली मन से करती कामना
सतत विवेक ज्ञान से आच्छादित तुम रहना।

❧26❧

जलनिधि–सा हृदय लिए
ज्योति–स्वप्न आंखों में भरे
सुख–दुख का मिश्रित भाव
पीहर से ससुराल आती धिया
मेहंदी हाथ–पांव में थी जो शोख़, चटक
कब छूटी, मलिन पड़ी
कांधे रखे बोझ
बंधनों के पानी से धुलकर
अनदेखे हुए कई संगी–साथी
कुछ दरारें रिश्तों में......
कुछ एड़ी में पड़ती गयीं
कुछ स्वप्न दीमक ने चाटे.....
कुछ ज़िन्दगी में घाटे, नफ़ा–नुकसान हुए
चिलबर्न्स कराहता कहता हरदम.....
आराम भी कर अब मेरी हमक़दम...... ओ हरजाई
कमर टूटती आयोडेक्स पकड़ती
सहलाती खुद को खड़ी होती
एड़ी की दरारें......

तानों पर हुई थीं भारी
मन हुआ इक दिन......
धूल पड़े एलबम झांक लें
ताकि..... श्रमबिंदु आंचल से पोंछ लें
कित्ती खिली–खिली दिखती थी मैं भी....

सोचा वक़्त बीता......
मन थोड़े न बीता है अभी
माना कि एड़ी में दरारें हैं
दिल में कचमचाती कराहें हैं

पेशानी पर चिंता की रेखाएं हैं
खोला.... मां का दिया अलमीरा
कॉलेज डे की पहली
हल्की–झीनी–पारदर्शी
उसमें थी मेरी गुलाबी साड़ी
चेहरे को ठंडे पानी से धोकर
थोड़ा हाथ में लोशन लेकर
हल्की आंखों में काजल की रेखा
ललाट पर बिंदी सजा
नमी खोते होंठों पर
ब्राउन लिपस्टिक का टच देकर
एड़ी पर एंटीसेप्टिक बोरोलीन मलकर
हाई हील की सैंडिल पहन
आत्मविश्वास से भर
पुलकित कोमलता लिए
इतराती गुनगुनाती बलखाती
सिमट रही थी शिष्ट प्रणय भाव में......

❧27❧

प्रेमभाव में तटस्थ हो जी लें हमसब
सरक रही रेत की तरह उम्र ऐसे
आहिस्ता हो रहा स्राव जैसे
रेत भला मुट्ठियों में कब टिकी है......
धमनी की कोशिकाओं में रुधिर संचरित
अब कम हो रहा ऑक्सीजन
और पोषणरूपी भोजन का स्टॉक
समाप्त होने को है।
सामान्य चाल नहीं चलतीं अब धड़कनें
कभी तेज़ कभी कम....
कभी पटरियों से उतर दुर्घटना का संकेत
दे जाती हैं,
ग्रिसिंग भी कभी–कभी फ़ेल हो जाती है
फिसल जाती है यूं उम्र रेत की तरह
रेत भला मुट्ठियों में कब टिकी है.....

❧28❧

इश्क़
मेरी आरज़ू
तय कर आया
आयाम—तल से बात
अद्भुत
झांकता था
मौन शब्दों का
मधुर मिलन कोरी रात
धन्य
विस्तार तुम्हारा
उच्चरित मंत्र मध्यम
अपरिमित अखंडित ब्रह्म—भाव
सुंदर
तुम्हारी छाया
अधरों पर मुस्कान
निर्भर तुमपर जीवन—सार।

❧29❧

प्रेम में इंसान
अच्छे से बुरा होते देखा है तुमने....?
मैंने देखा है तुम में....
जीत के आरंभ से....
हार के अंत तक.....

❧30❧

मत रोको न.....
जबकि तुम भी जानते हो
रोकने की आकांक्षा बंधन है......
ज़िन्दगी में हम कहते हैं रंगीनियां हैं
पर सच है कि ये श्वेत–श्याम ही है......
हम उसमें भाव के रंग,
लाल, पीले, नीले, हरे छींटते हैं
और आनंदित–तरंगित होते हैं.....
एक अंतरंगता महसूस करते हैं.....
तो सच के साथ जियें.....
फ़रेब की सांसें हमेशा मन को दुःखी करती हैं
स्वयं के होने का अभिप्राय
उनमें समाहित होना मात्र है.....

❧31❧

सुख संचित होता कैसे
जब पीड़ा का भान नहीं।

रहस्य अंतर का जाने वो
यथोचित जीवन माने जो
सुख कल्पना ग़र होती है
दुःख अटकी बस चुटकी है।

नारी—हृदय का मान वही
सम्मति स्नेह जो वंदन करे
स्त्री वरदान हर रूप सजे
सत्य सफलता की राझी धरे।

ज्योत्स्ना बिखरी चहुं ओर
दमकी धरा चंचल मचा शोर।

❦32❦

शैय्या
पर गिरती
बेटी–पत्नी–मां
बहु–भाभी–काकी....
स्वामी बनकर जमाता आधिपत्य
सभ्य बनकर करता अक्षम्य अपराध गिर.....
धैर्य
काल्पनिक है
परिणाम पीड़ा वास्तविक....
नोचता तिलमिलाता....दंड, शंका
प्रांगण होते संकुचित बंद...बंधन
तमस शासन, संघर्ष से जीतना अब......।

❧33❧

कुछ कहना है
मैं कौन....?
आप पूछेंगे
आपकी रचना छपी कहां–कहां
ये पूछेंगे
कौन–कौन–सी कथा
उपन्यास लिखा–पढ़ा
कौन–कौन–सा सम्मान
मान मिला
ये भी पूछेंगे......

मेरा जवाब,
मैं न कहीं छपी
ना कुछ लिखा
ना ही पढ़ा–गढ़ा
क्यूंकि मैं तो बस
तुमसे ही जानी जाती रही
तुम्हारे सिवा कोई बंदगी ही नहीं मेरी,
यही मेरा मान,
यही सम्मान,
तुम्हें खुद में गढ़ गुन पाऊं
बस
यही श्री का परिचय

परिचय
तुम्हारी दुआओं में
होना मेरा
बस
अब समारोह में मुझे बिठा पाओ
तो भी सही,
विदा कर दो
तो भी सही....
उद्घोषणा.... यही करना तुम भी
उनकी प्रार्थना के पत्र में
अपना ख़याल
रखने उनको भेजना
क्यूंकि
प्रेम–पंथ ऐसो कठिन
जाहि में दू न समाए।

❧34❧

मैं कौन.....
मैं किसके लिए प्रथम.....
मैं जानूं कैसे.....
आंखों से जब भी आंसू ढलके.....
आंचल जिसने उठाया पहले...
उसके लिए प्रथम.....

❦35❧

उसने पूछा– तुम्हारी नियति क्या है....
मैंने कहा– जैसी तुम्हारी मति है वही...
गति नियति मेरी
उसने पूछा– जीने की वजह क्या है....
मैंने कहा– मरने की कोई वजह नहीं मिली....
उसने पूछा– तुम कौन हो, क्या हो.....
मैंने कहा– श्री हूं और तेरी पहचान
परछाई–सी.....।

☙36❧

कुछ छुपी दास्तां
बंद दरवाज़े के आगे भी पीछे भी....
उसके एहसास
बंद गर्द कुल्फ़ पर भी है....
जब आंखों की कुंजी
वक़्त के हाथों हो.....
आज कोई किसी का है हमदम नहीं....

❧37❧

प्रतीति गहरी हो तो साध लूं तुम में
ख़ुद को....
वरना ज़माने के सौंदर्य में सिर्फ़
कुरूपता है....

❧38❧

जब भी कहीं अंदर दूरी की अग्नि का
अनुभव करोगे....
समझना कोई तप रहा तुम्हारे भीतर.....
निखर रही होगी वो
प्रेम की पीड़ा में पीली धातु की भांति.....

❦39❧

मन के अंतस्तल से जब
भय बदल जाता अभय में,
रूठे जो थे उस सावन में
आये निर्भय हो अर्चन में,
प्रेम की नियति निरपेक्ष है
अब जाना, यही सिद्धि है.....।

❧40❧

अबके बरस जो सावन बरसे
पुलकित पावन जिया तरसे
झुके नयन तकते मुग्ध भाव तेरे
आओ सजन लिए सद्भाव मेरे।

सरल सिंधु–सा तुम नेह लिए
हृदय मदिर मधुमास पिए
घटा सृष्टि में यूं बरसे ऐसे
तेरी मादकता की चाल हो जैसे।

नव जलद–सा यौवन मेरा
युगल–बंध बाहुपाश हो तेरा
नील गगन से यूं बूंदें गिरतीं
प्रेम–पीड़ा में जैसे मैं फिरती।

तुम स्ववश मुझे बना स्वामिनी
शरमाऊंगी बन मैं घटा यामिनी
घुमड़–घुमड़ तुझे सताऊंगी
जैसे बादल पर्वत पर उमड़े।

फूलों से हरी–भरी डालियां भी
लिपटीं जैसे लताओं के गले
अबके बरस इस सावन में
हमराज़ बन आना आंगन में।

सरल सिंधु–सा तुम नेह लिए
हृदय मधुर मधुमास पिए
आना सजन सद्भाव लिए
आना सजन सद्भाव लिए।

❧41❧

तुमने कहा.....
श्री मैं तो बह जाता हूं
कई बार अच्छाई और बुराइयों में भी....
और तुम हर बार मेरी विकम्पित हथेली को
अपनी हथेली में भींचकर कहती हो.....
''अपनी ग़लतियों से ही तुम सीखोगे इक दिन.....
विराट सत्य की दिशा का खुद–ब–खुद
ज्ञान हो जायेगा तुम्हें.... देखना....
अभिषेक हो जायेगा उस दिन,
जिस दिन अंदर के मौन में पैठ जाओगे.....''

जानती हो...
तुम्हारी निश्छल मुस्कान में बुदबुदाकर
मधुर स्वर से मुझे 'बोका' कहना....
कह कर अपनी उंगलियों की पोरों से छू कर
हल्के पवन के झोंके–सा उठ जाना.....
मुझे क्षणिक विचलित भावों से मुक्त कर जाता है....

तुम्हारा पुरोहिती की आरती में
कर्पूर प्रज्ज्वलित कर
पूरे वातावरण में आध्यात्मिक तरंग की
खुशबू बिखेर देना.....
उफ़्फ़्फ़.....
कहां से आती है तुम्हारे में ये सरलता ??.... हाँ....
ये सच है कि मुझे तुमसे स्नेह है.....
अनंत उस युगल पर्वत की तरह.....

जो बहुत दूर होते हुए भी
बिल्कुल समीप नज़र आते हैं....

इक बात तुम्हें बोलूं श्री.....
तुम्हें देखकर श्रद्धा होती है.....
नमन उन्हें
जिस रत्न का
तुम इक तारा हो
जिसकी आभा में
मैं भी महफ़ूज़ हूं.....

❄42❄

तापित क्यूं हो
इस धरा पर
चरम विराट् जब
आलोक यहां पर
कलेवर का जो लेप लगा था
इंद्रजाल का वो शोर मचा था
तार–तार कुंठित
व्यथा लीला थी
तिरोहित कर कृत्रिम
सशंकित भाव को....
तन्मय हो अब
तू ध्यान लगा
चरम विराट् जब
आलोक यहां पर.....

❧43❧

मन की जमा—पूंजी....
वो ख़र्च करता रहा....
मैं ख़ाली होती गई....
तब तक....
जब तक
मौन का धन भर न गया....

❧44❧

क्यूं
मर
जाता है
अक्सर प्रेम
बन अकाल....

सात
फेरे
सात
वचन
सप्तऋषि
साक्षी
रख वाम अंग मिलता नहीं उसे
क्यूं
शापित
तापित
अर्द्धनिर्मित

मीनार–सा टूटा हुआ अभिशप्त
बिखर
विषम
स्वर बन गूंजता हीर जूलियट
क्यूं
प्रेम
अग्नि
ध्वस्त
राख कर धुआं बना देते लोग

क्यूं
छिन्न
भिन्न
कई आतुर खड़े विरोधी
अभिशप्त
करते प्रेम को.....
आओ
पुनः
प्रयत्न श्री स्वचेतन करें
प्रेम—नीड़ बनायें,
मिलकर ध्वनित प्रेम का गान करें....

❧45❧

घट कहीं है तो
दूर घटकार भी कहीं होगा
अनुभव है यहां
तो अनुमान भी कभी होगा
मैंने सोचा था
तमाम उम्र करती न्योछावर
पर देखो न
संवर रही थी आज आईना टूट गया
फिर भी निकली
देखा तो ज़िन्दगी की शाम हो गई
किराये का घर है
असल सूत्र जीवन के हाथ आ गया
इक किनारा छूट रहा
दूसरे का छोर अब साथ आ गया....

रोज़ आहिस्ते आता वो
मंद–मंद तापरहित इक रोज़ घटा जाता
ऐसा है वो घटकार....।

❧46❧

दूसरी मंज़िल से
सामने इमारत की
पहली छत को ढालते देख रही थी.....
मज़दूरों की हर गतिविधि को गौर से देखती
खिड़की पर घंटों बैठ.....
एक—एक ईंट गिलाब से जोड़ते
फिर सीमेंट का घोल डालते
करणी से चिकना करते.... ओह
मैं सोचती, काश मैं भी मज़दूर होती
ईंटें जोड़—जोड़ घर बनाती
कितनी भावनाएं जुड़ी होती होंगी.....
ईंटों के जोड में..... चुनी हुई लकड़ियों पर
बनते माड़ वाले चावल की खुशबू
मेरे नथुनों से होकर पेट तक पहुंचती थी....
गर्मी का मौसम था.....
ईश्वर ने उन्हें चुना
चिपचिपे पसीने की खुशबू से
दूसरे के सपने जोड़ने वास्ते....
जिनके खुद के कोई सपने नहीं थे....
मेरे मन में उनके प्रति
अगाध श्रद्धा ईंटों के जोड़ की तरह विकसित हो
रही थी....
उनमें एक स्त्री गर्भ से थी....
एक रात प्रसव—पीड़ा को झेलती
उस सांवली स्त्री ने एक बच्ची को जन्म दिया....
तब कहां समझती थी मैं
वो क्यूं दर्द से छटपटा रही है....
कसमसा कर खिड़की से बारबार झांकती

अपने बिस्तर पर करवटें ले रही थी....
अचानक सांवली स्त्री के चीख़ने की आवाज़ बंद
हो गई....
मैंने सोचा
दर्द शायद ठीक हो गया होगा
अचानक 'क्वां.... क्वा' की आवाज़ से
तंद्रा भंग हुई....
कई करणियों के परस्पर रगड़ की आवाज़
टकरा कर कानों में आ रही थी
सभी अपनी खुशी प्रकट कर रहे थे उसके जन्म
पर....

दिन बीते.....
एक तल्ला ढल चुका था....
अब मेरे बराबर वाले तल्ले का
जोड़इया शुरू था....
वो सांवली स्त्री जिसे सभी अन्नपूर्णा बुलाते थे....
अपने वक्ष से सटाती, बच्ची को दूध पिलाती....
और सुरीली आवाज़ में लोरी सुनाती....
असीम शांत भाव संग.....
फिर बांस के दो छोरों से बंधी फटी साड़ी के झूले
में डालती हुई....
मेरी लाडो कहती हुई....
नीचे उतर जाती....
आठ–दस ईंटों को माथे पर लाती, पटकती
अनवरत....
शाम के पांच तक....
क्रम चलता रहा....

लोगों के आशियाने पूरे होते गये....
एक नई अन्नपूर्णा बोझ ढोने वास्ते
पल–पल बड़ी हो रही थी कहीं....

मंज़िलों की ऊंचाई के संग मेरी उम्र भी बढ़ती
गई....
अब भी वो पल याद आते हैं....
कभी–कभी सपनों में
करणी..... मैश.... हथौड़ा.... ईंट..... सीमेंट....
छलनी....तगाड़....
नापने वाले इंची टेप, छड़ की
खटपट अब भी सुनाई पड़ती है
धूमिल–सी....

अन्नपूर्णा अब ईंट पर नीचे बैठी बहुमंज़िली
इमारतों को तकती होगी....
और लाडो स्कूल के बस्ते की जगह
कहीं ईंट ढो रही होगी....
न जाने कबतक.....

❧47❧

विसर्जित कर दी जाऊंगी
इक दिन गंगा की शांत लहरों में
फ़िर बहती हुई
युगों के इंतज़ार के बाद समाहित हो
क्षितिज के पार तक समंदर देखूंगी....
कई विसर्जित बंधुओं से मुलाक़ात होगी....
हंसी–ठिठोली नृत्य–संगीत संग झूमते....
सब कहेंगे....
व्यर्थ संसार की झंझटों में पड़े थे....
देखो कितना मज़ा आ रहा है न श्री....
सभी लहरों के साथ अठखेलियां करते कितने
मस्त होंगे....
तारों से बातें होंगी....
रुई के फाहों–सा बादल
छू कर निकल जाया करेगा
न कोई संसार की किचकिच
न कोई धन–वैभव की चाह
न ज़ात, न धर्म.....
वर्ण–व्यवस्था से परे....
चांदनी रात में....
आकाश की फैली बांहें
और
समंदर की नमी स्वागत को आतुर
मुक्त तन, मुक्त मन।

❧48❧

मंडित अनंत नाम तुम्हारा
शत–शत कांत राम हमारा
लेश मात्र भी भय कहां अब
पुण्य प्रताप पावन राम जब।

जाग्रत स्वप्न सुषुप्ति समाधि
सब क्रिया तेरा नाम राम है
जुड़ना टूटना संदेह विश्वास
सब सर्वशक्ति का मन राम है।

अविरल अशरीरी रूप तुम्हारा
मनोहर विश्व छवि आनंदमयी
इच्छित लोक से देवलोक तक
राम नाम का ही सत्य उजागर।

संसार से शून्य महाशून्य तक
चिता की धधकती ज्वाला भी
लौकिक चेतना पूर्ण समाधि
राम नाम ही एक सत्य श्रीराम है।

❧49❧

वसुधा आज मधुमय
होगी निशा रात्रि
पात्र लिए मैं मनुहार करूंगी
हे देव....
चांदनी का सोम
आंखों से अधर तक
उर प्रेम की उद्दीप्ति पूर्ण होने धर
हे देव,
पात्र लिए मैं मनुहार करुंगी
हे देव,
आलिंगनबद्ध कौमुदी में
तेरी सघुराई आज विशेष
सविनय पात्र लिए खड़ी श्री है
पूर्ण से पूर्णतर को....।

❧50❧

हिंडोला मन डोला
शांत जलकण झूला
छप टपक विरल
सृष्टि तरल सरल
शुचि प्रणत मृदुल
अन्तस्तल शीतल
ममता की छांव में.....

≈51≈

हथेली की सबसे गहरी
सौभाग्य की लकीर हो तुम
यही कहा था न!
मैंने चहकते कहा
'बोका'.....
लकीर में कोई थोड़े न होता है
फिर तुमने
उस गहरी लकीर पर
कई अन्य रेखाओं को
खींच विभाजित कर
घेरा का डेरा बना दिया था....
अब मेरे हिस्से
पहली रेखा का सिरा तो था
पर दूसरे सिरे तक
पहुंच सकने का
कोई ज़रिया न था....
अभिमन्यु–सा चक्रव्यूह में उलझ–सी गई
तीखी रौशनी ने
आंखों को झांप दिया....

❧52❧

जेठ की चिलचिलाती धूप में तिलमिलाता तन–मन
इंतज़ार है आषाढ़ की घनघोर टोप घटा का....
जब भीगेगा अंतरमन
हम–तुम मिलेंगे बारहमासा से
तब न कोई तारीख़, न कोई माह होगा....
जो होगा अद्भुत अप्रतिम–सा....
सिर्फ़ चांद के वर्तुल रूप में
नहाई–सी दूधिया चांदनी....
ढेर–सारे हंसों की लंबी कतारें....
परिंदों के घोंसले से आती नन्हे बच्चों की
चहचहाहट....
सुगन्धित बिखरे... पारिजात...
नदी की शांत लहरों पर
दो साये एकाकार होते हुए....

❦53❧

दस्तूर ज़माने का तेरा था अलहदा
कि राज़—ए—मोहब्बत निभा न सके।

इश्क़ का पियाला सोम से था भरा मेरा
चिर बंध विकल कहां टिकता तेरा।

दुर्बल रेख़्ता, निर्मम संकोच दुनिया का,
मान लिया राज़—ए—मोहब्बत पर था भारी।

वफ़ा की आरज़ू थी जिससे लेकिन
ख़ूने—जिगर की तबीयत अब ठीक नहीं।

ज़िन्दगी मेरी भी कटेगी अब खुद्दारी में
कि तेरे आगोश की सोच में दम घुटता है।

तेरी कूव्वत न थी मोहब्बत के क़ाबिल
वरना तुझसा बेमुरव्वत कौन निकलता है।

मिजाज़े आवारगी पर कभी मरते थे हम
तब जाना न था मोहब्बत क्या बला है।

तेरी बातों का ख़याल जब भी आता था
गुले गुलज़ार जिगर हो जाता था।

तख़ालफ़ लगती बोझ—सी है तेरी कि
जान—पहचान भी अब मुश्किल लगती है।

कितने मसले हैं तेरी ज़फ़ाओं के मगर
लबों को जैसे अब मैंने सी ही लिया है।

ढलक जाते रुख़सार से आब–ए–तलख़
जहां महफ़िल में सिर्फ़ राज़दार मिले हैं।

साजगिरी नहीं करती यहां की कोई हवा
लगता वर्षों ज़िन्दगी बाक़ी है अभी।

ज़मीं पर अपने नाम का जन्नत उतारूंगी
इस रास्ते अब तेरा जाना नामुमकिन लगता है।

☙54☙

पहले
देह में स्त्री
एक और देह
खोज रही थी
मिला इनको.....
विश्वास आत्मिक रिश्ता रूहानी
ठंडी छांव......
रुपहले
पुरुष भी
खोज रहे थे
एक देह में
एक और देह
उनके हिस्से आई
शोहरत कर्म श्रम
कड़ी धूप....
रोटी और पसीने का मेल था बेजोड़....
सब कहते हिंदुस्तां हमारा है.....।

चक्र विपरीत चलने लगा
घूमने लगा पहिया उल्टा
स्त्रियां चांद छू रहीं
दाग रहीं तोपें नाप
यहां तक सब ठीक था.....

ये हो रहा समभाव का कैसा नाच
क़ानून की आड़ में खेल छः–पांच

तप रही है अब ठंडी छांव
चूल्हे बिन आग जलने लगे
रोटियां पकती नहीं अब तवों पर
गेहूं की बालियां अब सूखती
नहीं कहीं दालानों पर.....

अर्ज़ियां रफ़्तार में आने लगीं
तकरार.... बेक़रार हो करवटें लेने लगी
अलगाव विवश रोने लगा,
बच्चे दो ख़ेमों में बंटने लगे
पुरुष अब कातर होने लगे
पश्चिम के इस तूफ़ान ने
साढ़े पांच गज को
सवा दो कर दिया,
न जाने उड़ते धुएं ने
कितनों का घर जला दिया....
वक़्त–वक़्त की बात है.....
संभलना हमदोनों को है....
चलती एक पहिये की गाड़ी नहीं है
पूरब का सूरज डूबता पश्चिम में ही है
हां, संभलना हम दोनों को है....

ॐ55ॐ

तुम्हारा आसपास होना
तुम्हारा दूर होना
तुम्हारा हो के भी नहीं होना
तुम्हारा नहीं हो के भी ख़ास होना
अच्छा लगता है......
बंद आंखों से महसूसना
इस रंगों से भरी दुनिया में भी
ब्लैक एंड व्हाइट
तुम्हारा होना अलौकिक लगता है
मेरे देव......

❧56❧

अक्सर ही
स्त्री की रोटियां बनती नहीं गोल हैं....
तब शायद
अंदर चलता मंथर गति से कोई द्वन्द्व है
सूखे आटे
लगाती बेलन पर जैसे कोई मरहम है
फिर भी....
मन की नमी समेट वक्र रोटी ही बेलती जाती है....
एक स्त्री
मंथरा के उठे कूबड़–सा कुरूप हो जाती है
तब जब
उठा कर बार–बार पटक दी जाती है
कभी घर
कभी बाहर सड़क पर, ऑफ़िस की कुर्सियों से....
फिर कभी
अपने ही घर में निवाले को हलाल होती है....
उसके हिस्से की रोटी
हवस में निगल–उगल दी जाती है.....
जगी अब.....
शक्ति का रूप धरे
जिसके भाल पर टिकी
रोटी आज गोल है....।

❧57❧

लालसा कोई शेष नहीं.....
सजग अब माया की लीला....
विश्रब्ध कल्पना सो रही.....
देखो मन के वन-खंड में.....
भ्रान्त भटकता था कभी जो....
इस चंचल विलास जगत् में....

❧58❧

लचकती सुनहरी धूप की किरणें
बिखर जातीं चेहरे पर सहज.....
अविरल लौकिक सुख होकर संचित
तृषा जैसे बुझा जाती खोकर.....
सुधा नाचती वेग में उज्ज्वल धवल
नारी मन मधुमय रचता सृजन.....

❧59☙

काजल बन रहना तुम नैनों में
सीमा तलक   तले सहलाऊंगा
सुबह जब भी तू खोले नयना
इठलाते विनम्र हो झुक जाना।
आखेट हुआ   जाता हूं रम्य तुझमें
इस निर्जन मन की आकुलता में,
विभोर अधीर चकित अभिलाषा
चूम रही स्निग्ध कम्पित कस्तूरी बन।
अद्भुत घनीभूत है स्नेह तुम्हारा
शीतल उष्ण हिम मृदु कठोर भी
भरती छलकाती मधुमय है जो
वसुधा पर करुणा का आनंद लिए।
मादकता लिए मधुर भाव से श्री
तृप्ति की सहज धारा में सतत
उज्ज्वल स्वरूप हो सघन तुम्हारा
चेतना संचित हर ऋतु समान रहे।

❦60❦

मैं तुझसे मनुहार करूंगी
खुद के बंधन भाव खोलूंगी
लिपटी प्राणों में मैं तेरे
अनुग्रह समर्थ अब हास करूंगी।

अस्तित्व है मेरा तुझसे
चिरंतन गहन पूजन भी
बेसुध ज्योत्स्ना बनकर
पूर्णता का भी तेरा मान करूंगी।

अमृत कलश देना तुम
राग यमन वरदान भी
अबोध चेतना मेरी हो
प्रणय प्रकाश से भर देना तुम।

तुषार–बूंद–सी मैं बनकर
सीप श्रद्धा बना देना तुम

मन के कोमल तंतु से फिर
अकिंचन यौवन अमर कर देना तुम।

❧61❧

छू सकूं जो पल भर को
आत्मा के मेरे ओ प्रहरी
अद्भुत अप्रतिम क्षण कब आएगा....
कलुष द्वन्द्व तब मिट जायेगा....
सृष्टि तुष्टि जब पायेगी....
गति ज़िंदगी हो जायेगी....
विहंगम संजोग बन जायेगा....
यज्ञ की पूर्णाहुति फिर....
समंदर लांघ वो आ जायेगा....
उलझी कड़ी खोल कर मेरी....
पंछी आज़ाद करायेगा....
अवशिष्ट जीवन को मेरे....
विशेष तब कर जायेगा....
अनुराग चांदनी का तब मेरा....
तुझको याद दिलाएगा....

प्रहर समाप्ति की मैं थी लीला
ये तुझको कौन बताएगा....
ओ आत्मा के प्रहरी
बता संताप हरने तू कब आएगा....।

☙62❧

गहन यादों के समंदर से हो अधीर
विक्षुब्ध.... भयभीत.... कभी हो खुशी
चल पड़ती हूं अतीत के पन्नों में....
भागते जुगनुओं को प्रकाश समझ
तुहिन को भगाने का अथक प्रयास
उर्मिल सी.... हवा..... पानी की बूंद हूं
यादों में शिशु–मन यौवन हो चला है।

धूमिल प्रेम का पहला एहसास लिए
उन्नत तन.... मन.... पाप–पुण्य से परे
हिचकी उठती है अब भी यादों की
स्मृतियां कुछ पूर्ण कुछ अपूर्ण हुई
अतीत वर्तमान भविष्य बिंधे एक सूत्र
अब संबंधों की जड़ें फैल रहीं दूर फलक
यादों का समंदर
आहिस्ते–आहिस्ते शांत हो चला

पथिक इस आदान–प्रदान की यादों से
सुबह की लालिमा से रात्रि की भुजाओं में
सरलता से सो जाने को आतुर है....

❧63❧

किसी स्नेह के अनुबंध में बंधी थी इक डोर....
इक बाज़ की तेज़ कटार ने काटा था जोड़....
सुई–धागे लिए मैं लड़ती रही पुरज़ोर....
धुआं–धुआं हुआ..... अजब मचा है
अब शोर......
तुम्हारे इत्र की शीशी
ख़ाली है
बावजूद
इश्क़ की खुशबुओं से भरी......

❧64❧

याद है मुझे धुंधली–सी.... पड़ोस की चाचियां, बच्चे
जब 'टेक्सला' टीवी पर रामायण देखने घर आते मेरे
ब्रेक में चाय–कॉफ़ी–निमकी का चलता दौर
फिर धार्मिक प्रसंग पर वाद–विवाद
सीता की छवि.... आहाहा...... भली लगती पर समझ नहीं पाती मैं....
पापा का मोटर साइकिल से ऑफ़िस जाना
मम्मी का उनका चश्मा पोंछना
और ओझल होने तक देखना.... देखते रहना....
लगता यही प्रेम है.... मैं समझती....
शायद ये प्रेम नियम होगा और हम सब भी यूं ही करेंगे....।
हम चारों बच्चे बड़े हुए चिड़ियों के बच्चों–से
और अपने बुनियादी घोंसले से उड़ अपनी दिशा तलाशने उड़ गये

वही कैलेंडर.... वही घर.... वही पुराने लोग बरबस याद आते हैं....।
अपनी वही नींव अच्छी–भली थी...।
कस्तूरी–सी वो यादें थीं अब मृग–मरीचिका–सी लगतीं....
सोने का हिरण.... सीताराम की कहानी.... कई रावण....
लक्ष्मण–रेखा को पार करते अब भी तांडव मचा रहे....
ना वो ज़माना रहा, ना पड़ोसी, ना कोई वाद–विवाद
सब बनावटी–सा..... कलयुग का एक और युग....
कोरोना ने बहुत–कुछ छीन लिया....
पल–पल सांसों पर कशमकश
हर पहर आठों पहर अब लगता है....
पहले का कैलेंडर ही मुझे अब भी अच्छा लगता है।

❧65❧

शिखर पर खेलती चांदनी है विधु से
आकुल मन पृथक कब रहा तुमसे

बिछ रही   है रात्रि मतवाली बन
सुबह पारिजात से आलिंगन को

उठाता है घूंघट छलक आती हैं तब
ओस की बूंदें नर्म बांहो में वो जब

ठिठुरती ज्योत्सना व्योम तले है अब
मुक्त तुममें समाती शून्य हो जाने को

विषम वसन सुषमा तन पर निशा के
छूते पलाश से चेतनता अब खोने को

नाच रहा वन—मयूर भी पंख फैला
अपनी प्रेयसी से मधुर तान मिलाने को

झुका कदम्ब भी है अब धरा चूमने को
देखो विकल समर्पण पूर्ण हुई उदार।

❧66❧

ताजमहल की यादों–सा
असीमित अव्यक्त प्रेम से प्रेम
तेरे प्रेम–घनत्व दर्शाती है
रंग–बिरंगी भावनाओं की
संदुकची
खोले बैठी
सूखे डिफ़्यूज़र
से उठती सुगंध
रोमांचित करती
तुम्हारी यादों में ले
जाती है....

अभी हुई नई–नई झुर्रियां अपने
फैलाव में
कई रंगीन गुलालों को समेटे
उसे बौराती रही
रात–भर और
घटता रहा मध्य उसके
छलकता, ढलकता, टपकता
नम बर्फ–सी ठंडी होती
इक नन्हीं बूंद
दैहिक भौगोलिक क्षेत्रफल में.....।

☙67☙

नम–नमक–निशान
तब तक था,
जबतक थी ठंडी छांव,
जब तक घनी थी जड़,
समेटे रखा अबतक,
जब शाख़ाओं से पत्ते लगे हैं झड़ने,
सब बिखरने लगे,
हो गए रिश्ते छावनी में तब्दील
प्रवेश हो गया मेरा निषिद्ध,
कि मोल अब रहा नहीं सत्य का
क्यूंकि अब मां–पा हैं,
तन से कमज़ोर,
छांव होने लगी है
धूप में परिवर्तित....

क्या बेटियों को आज के
युग में भी सत्य बोलने का
नहीं है अधिकार.....
धूप तेज़ है मां,
जलने लगा है मेरा मन–मस्तिष्क
अपनी आंचल के नीचे आने दो ना
मां,
अब मैं भी अपने आंचल,
तुम्हारे आंचल पर रख सकती हूं
और रिश्ते को संभालने में,
तुम्हारी मदद कर सकती हूं
मैं हमेशा सत्य का दूंगी साथ,
कभी महसूस करना नहीं कि

मैं पराई हूं।
नहीं, कभी नहीं.....
तुम्हारे कांपते हाथ
लाठियों का हूं मैं भी सहारा....

याद है...??
पान जब लाते थे पापा तुम्हारे लिए
प्यार से,
और ज़र्दा खाने को करते थे मना,
तब कैसे रूठ जाती थीं तुम,
बच्चों के अधिकार के लिए बहस
करते देखा है तुम्हें....
अपने आलीशान बंगले को छोड़,
बन्द कमरे में सिमटे देखा है,
इसलिए ना,
कि बच्चों के क़रीब रह सको,
प्यार, थोड़ा सम्मान पा सको।

अब भी कभी रूठा करो ना
नहीं अब तुम रूठतीं नहीं डर से,
कि अपमान ना हो
सिर्फ़ इसलिए कि
तुम तन से हो कमज़ोर,
तुमसे सवाल—जवाब पूछे जाते हैं
पड़ोसियों के भरोसे छोड़ने
को कह जाते हैं,
आप दोनों की बीमारी,
लोगों को लगने लगी है झुट्ठी,
आह!
मैं हूं, चिंता मत करना,
हर सवाल का जवाब,
चिट्ठियों से, तार से देना

ऐसे आभास और आवाज़ से
समझ लूंगी मैं....
मां, तुम अपना आंचल....
पापा,
आप अपनी ऊंगली को देना पकड़ने,
चुप मत रहना, अन्याय के प्रति,
क्योंकि हमने अभी—अभी सीखा
कि चुप होना कमज़ोरी की निशानी समझते हैं
लोग....

अब और नहीं....
आप दोनों रहें निर्भीक, क्यूंकि,
आप जैसा मज़बूत कोई और नहीं....

हिलने ना देना अपनी जड़ को कभी
ज़र्द होते रिश्ते को....

हरा—भरा होने की आस जगा दो ना,
उत्तर की प्रतीक्षा में,
आपकी बेटी......।

❧68❧

किश्तों में मिलती नफ़रतें
लकड़ियां कत्थई और चमकदार थीं
कितनी ठोकरों के बाद अब पाषाण बनीं
जलाई जा रही हैं ये कहीं
कहीं सेज जा रही है सजाई
किश्तों में मिलती ये नफ़रतें....
हाय ये चमकदार लकड़ियां
उगाईं जितनी जतन से
कटाई उतनी ही मगन से,
छुटपन से जवान होती ये
बौनी हैवान नकारात्मक–सी नफ़रतें
जुनून की हद के हद तक द्वेष
बोता बीज प्रकृति के वक्ष पर
देता राग–द्वेष का खाद हर क्षण
मुट्ठी–मुट्ठी और इक मुट्ठी नफ़रतें

महामारी–सा दंश झेल कर भी
चालाकी से बाज़ आतीं नहीं ये नफ़रतें.....।

❦69❧

श्री, जानती हो....
मैं तुम्हारी आत्मा में
प्रहरी....
प्रेम में
स्वप्न....
देह में
प्राण....
रक्षा में
मौली....
तपस्या में
संन्यास....
उदर में
क्षुधा.....
मुक्ति में
बुद्ध....

और मृत्यु में
जीवन–सा हूं....
क्योंकि मैं
तुम्हारा देव हूं....

❧70❧

श्री
सुनो, मैं कौन....??
प्रथम दृश्य खुद को समझ बैठी
तुम्हारी आंखों का....
क्यों?
शायद दृढ़ संकल्प की यात्रा में
प्रेम पथिक की चाह रही होगी....
वर्ष बीतते गए
यात्रा चलती रही अनवरत....
एक कान से सुनती रही
दूसरे को बहरा कर लिया मैंने
दोनों पलकें भी थीं मेरी मुंदी इस पूरी यात्रा में....
मध्य कुछ ऐसा हुआ घटित
कि मेरी दोनों पलकें खुलीं
और चुपके से
बिना इजाज़त
दो मोटे आंसू ढलक
मेरे हृदय तक जा पहुंचे,
और सहमे से
जन्म लेने को
दूसरे गर्भ की तलाश में चल पड़े....
दूसरी तीसरी
ना जाने कितनी स्त्रियों के गवाह थे ये आंसू
मेरे बन्द कान भी खुल चुके थे....

होना क्या था.... सत्य से सामना
जिसमें झूठे प्रेम के कई वादों–क़समों की
टकराहट

और उसकी सिसकियां स्पष्ट सुनाई दे रही थीं....
और अंदर कई औरतों की चीख़ें भी स्पष्ट सुन पा
रही थी मैं....

हाथों और पैरों की बेड़ियां
जिन्हें प्रेम समझ मैंने खुद को क़ैद कर रखा था,
अब खुल जाने को मचल रही थीं,
क्योंकि मेरी आंखों को
प्रथम दृश्य से अंतिम दृश्य के मध्य के सारे
उसके कर्मों के दस्तावेज
मेज़ पर रखे मिल गये थे....।

❧71❧

नीले कुर्ते में वो बेहद आकर्षक लगता है मुझे
जैसे अम्बर पर नीले बादलों का होना
धरती को लगता है....
प्रकृति के पास हर केंद्र में प्रकृति
ही होती है
पर
जब पास जाती हूं मैं उसके,
उसकी कहीं परिधि ही नहीं होती।

৵72৵

कन्यादान
ये दान
वरदान
ये संज्ञा
कभी–कभी
प्रेम के अस्तित्व पर शिकंजे
की भांति।

इक समाज
इक प्रेम
इक समाज
इक विवाह
तन का इक गठबंधन
मन का भी इक गठबंधन
पर
तन के गठबंधन पर
मन का मुक्त बन्धन
हर हाल में हल्का हो जाता है
और,
मन का
परित्याग
कई बार......
प्रेम दुःख को बांचता
तन के नीचे दबा दिखता है।

❧73❧

श्री
सुनो,
देखो
दूर समानांतर रेखाएं
यूं जैसे रेल की
पटरियों की
सोच लो
साथ चलती हैं
पर जुदा–जुदा
बीच के रोड़े
वजह हैं
संतुलन की,
जैसे
जीवन में सुख–दुःख का आगमन
जुदा–जुदा

सिग्नल ईश्वर का हो
या
लाइनमैन का
बस इक झटके में गले लगे
फिर दूरी के साथ
समानांतर
चलने को तैयार
जैसे

ज़िंदगी
वो कहती है
ना तुम बेवफ़ा हो
ना हम बेवफ़ा

मगर क्या करें
अपनी राहें जुदा हैं
जैसे
अनंत यात्रा
और सीधे यार्ड में
जा रुकेगी
ज़िंदगी की माफ़िक
जैसे जन्म के
समानांतर मृत्यु....।

☙74❧

प्रेम में पकड़ी जाने वाली
साझा, सबसे छोटी उंगली अक्सरहां
मेरी नींद आने पर छुड़ा जाते रहे तुम
किसी अनजान हाथों में तुम्हारी उंगलियों का
अस्तित्व
मेरा सर्वस्व मिटा जाता है जैसे,
स्याह रात में कुछ न दिख पाना....
और, अब
जुगनुओं–से टिमटिमाते
झूठ–फ़रेब नहीं,
सुबह की रौशनी के साथ
खुद का विस्तार चाहती हूं मैं.....

तुम अब जा सकते हो.....।

❧75❧

मेरे पापा
आज लगते उलटे–पलटे
हम चार पॉजिटिव लोग
नेगेटिव होने की आस में,
जीवन अभी पॉजिटिव तो संक्रमित....

नेगेटिव
तो ठीक हैं आप....
इंतज़ार मन को कहते,
रहो पॉजिटिव
क्या बात है न....
तुम्हारी नकारात्मकता–सकारात्मकता
के बीच का द्वंद्व,
जीवन मृत्यु से खेल रहा....
तुमने तो पापा हारना नहीं सीखा
फिर खुद को कैसे छोड़ दिया

घर के कोने–कोने में
सिर्फ तुम्हारी
खट्टी–मिट्ठी राय, प्रतिक्रिया,
है व्याप्त
मेरे अच्छे–बुरे
हर व्यंजन को सिर्फ़ तुमने सराहा पापा
नमक कम हो या ज़्यादा
संतुलित ही लगता

मेरे ग्लास का दिया पानी भी मीठा ही लगता
तुम कहते, तुम मेरी बेटी नहीं, अम्मा हो
मैं गर्व से कहती तभी तो आपको
प्यार से डांटती भी हूं
और इज्ज़त भी करती हूं....।

कुछ और बातें तो करते पापा
कुछ देर और रुक जाते पापा....

कहीं मैंने तो नहीं कर दी जल्दी,
गंगा तुलसी दे कर विदा करने में.....।

9

❧76❧

समाधिस्थ होकर
कभी–कभी
प्रस्फुटित हो जाते हैं
प्रेम के फूल
कोई पाषाण बनकर भी रहता
मृदु भावों में,
तब खिल उठता है
कमल कुमुदनी–सा
कहीं
देवांश शिव के हाथों में
कभी ध्यान में,
बुद्ध के माफ़िक
शून्य में....

आह! प्रजापति
सुख आराधना के सुंदर फूल, तुम्हारे
विस्मृत करते
छकाते मुझे
सुख की कल्पनाओं में
मौन बुलाते
तुम अपनी श्री को.....

77

ऐ निर्मला.... (मम्मी का नाम)
निर्मल, स्वच्छ
मेरी माई..... मां.... जननी
पिटारी हो तुम
प्यारी–प्यारी बातों की
खट्टी–मिट्ठी यादों की
अपने जन्म से
मेरे जन्म तक की
अनगिनत कहानी है तू
कभी पत्नी
कभी मां
कभी नानी, कभी दादी
कभी सास, कभी परदादी
सभी रिश्तों की अपरिमित रेखा है तू
मान तुम
शान तुम
धरा और आकाश भी तुम
व्यक्त और अव्यक्त
अभिव्यंजना हो तुम
हां, तुम मेरी प्यारी मां
निर्मला हो तुम....
स्वच्छ सुंदर निर्मल परिभाषा हो तुम....।
– तुम्हारी बिटिया.....

❧78❧

मैंने प्रेम को संभाला है
संभाला है तुम्हें,
हमने,
एक गर्भवती स्त्री के माफ़िक
कि कहीं गर्भपात ना हो जाए
प्रेम का,
जैसे, मां दिन–प्रतिदिन बढ़ते शिशु को देखती है
उदर में,
उसी तरह हमने,
प्रेम का डेरा
प्रेम का घेरा
बना रखा चारों तरफ़
प्रार्थना,
दवा होती रही अबतक
जब–जब
तुम्हारे
खोने का होता है डर।

पैदा होने के बाद,
जैसे
हर ग़लती माफ़ करती है इक मां
वैसे
हर बार समझाती रही

काश
तुमने भी एक गर्भवती स्त्री का दर्द
महसूस किया होता तो,

घृणा, दुःख, राग, क्रोध
के परे सिर्फ़
प्रेम की रागिनी ही गाते तुम भी।
स्त्री हूं ना
इसलिए मुझसे सिर्फ़ प्रेम ही हो पाया
सिर्फ़ प्रेम....
क्यूंकि दूसरी भाषा
समझ आती नहीं हमें।

৩79৩

प्रेम में मां बन जाना
कितना अद्भुत है.....

मैंने प्रेम में तेरे लिए
रोटियों की वो पोटली भी बांधी थी,
जिसमें आंटा गूंधते
मेरी गर्म हथेली की
प्रेम–लकीरों की
छाप छपी थी.....
प्रेम की अग्नि में सेंकी हुई वो रोटियां
तुम्हारी क्षुधा को शांत कर,
मेरी गर्म हथेली को
तृप्त कर जाती हैं अब भी....।

~80~

ना जाने क्या–क्या कहा राजा ने
क्या–क्या सहा रानी ने
राजा की अमर्यादित भाषा
जैसे कान में पिघलता शीशा
कुलटा, कपटी, व्यभिचारिणी....

फिर भी उसका झूठ
तो देखो,
गुरूर ऐसा कि
चांद भी शरमा जाए
विलक्षण ऐसी बोली कि
राग भी बेसुरा हो जाए,
तान जब छेड़ता वो राजा
तो सूरज भी नहीं निकलता,
बादल को बरसने देता
घटा, बिजली को कौंधने देता,
राग मल्हार जो राजा गाता और
विरह का गीत
हतप्रभ उसे सुनते ईश्वर भी
जब भोजन की थाली के व्यंजन
देखता राजा,
रानी जब अपने हाथों से
भोजन परोसती
उसकी सुगंध नथुनों से जाती हुई
उदर की क्षुधा भी ऐसी शांत होती
जैसे नवजात शिशु ने
अभी–अभी मां के स्तन–पान से भूख
मिटाई हो।

प्रणय बेला में रति ऐसी
जैसे कामदेव की क्रीड़ा....

पर हाय रे भाग्यविधाता,
सुबह के दरबार में
सर्वगुण पर विक्षिप्त उस राजा ने
रानी को अपमानित कर
सरे आम क़त्ल कर दिया।

रानी ने तो बस प्रेम को जिया था....
(प्रेम कभी प्रश्न पूछा ही नहीं)

अक्सर खो जाती हैं ऐसी रानियां.....।

❧81❧

मां ने कहा–
जानती हो श्री,
बुढ़ापा पेंशन की तरह है
साठ के बाद आधी....
मैंने पूछा कैसे....?
मां ने कहा– जैसे स्वस्थ पूरी थी,
अब आधी–सी लगती है मुझे
और तेरे पिता के जाने के बाद
अब बस एक चौथाई बची....

आंखें मेरी नम हैं
बस पिता का ग़म है
बस यही आने–जाने वालों में
ख़ौफ़ सभी के मन है....
अरमां आहिस्ते–आहिस्ते
सरकते–से बस दुआ मांगा करते हैं,
बस घड़ियां दोहराई जाती रहेंगी
एक इतिहास की तरह,
क्यूंकि ये धरती
पके फल देने–लेने में मस्त है....।
फ़र्क माया का है
अनबुझ, पर सत्य है
क्योंकि, मृत्यु के पार
कोई आता–जाता
दिखता नहीं।

❧82❧

कुम्हार की इच्छा—पूर्ति के लिए
मिट्टी सर्वदा भंग होती रही
युग कोई भी हो।

बड़ा सहज़ स्वभाव है
उल्लंघन करती नहीं,
उपालम्भ भी नहीं,
फिर भी देखा है
प्रामाणिकता तो
वही देगा
बाज़ार में
मोल लगाता
हुआ....

❀83❀

आत्मिक थी रूहानी थी
ज़िंदगी थी कहानी थी
मुद्दतें बीतीं, मुद्दतों बाद
रेशम—सी तरुणाई पर
सिलवटों की निशानी थी....

◈84◈

मैं
तुम
हमारे.....

अदभुत
झलकियां हैं
अभिव्यक्तियों में...

❧85❧

स्व—शिल्प
कला में अमरत्व,
आकार पाती
है भावाभिव्यक्ति....
हो सूत्र जीवन
का सार्थक,
संजोना भाव,
आंतरिक खुशी
कहीं प्रखर
हो उठती
नियत भोग के
घटाटोप में......

 86

वो कहते हैं.... न टूटता तो फिर
आशाएं कहां से जगतीं ??

इसलिए
टूटना भी ज़रूरी
और
उगना भी ज़रूरी.....

❧87❧

अपराजिता स्त्री
तप्त धरती की खोज है
ये स्त्री अपराजिता.....
सत्य, प्रेम और आत्मदान से बढ़ती,
ये स्त्री अपराजिता
श्री शंख–ध्वनि से
विजय–पथ पर अग्रसर,
ये स्त्री अपराजिता
प्रशस्त पथ संपन्न करती,
स्त्री अपराजिता
कुंठित भ्रमित दमित भाव से
मुक्त होने का नाम है.....।

ये स्त्री अपराजिता
पूर्ण से पूर्णतर होने का प्रयास
अतृप्ति से तृप्ति की चाह है,
ये स्त्री अपराजिता
कुम्हलाई अर्थहीन क्रम को तोड़ने का
समीकरण है,
ये स्त्री अपराजिता
कर्तव्य–भाव के संग कर्म–जागरण है,
ये स्त्री अपराजिता
पूर्ण से पूर्णतर होने का अन्वेषण है....।

ये स्त्री अपराजिता
इससे भी भिन्न
अपने को खोजती, स्तम्भ बन अन्य स्त्रियों को
टेक देती,
ये स्त्री अपराजिता
जीवन के मंच से समाज के रंगमंच को अन्वेषित
स्पंदित करती,
ये स्त्री अपराजिता....
अपराजिता....
अनंत समर्थ सम्पन्न का सामर्थ्य रखती
ये स्त्री अपराजिता....।

**(बड़ी बहन मधु दी और बिंदी दी को
समर्पित)**

वो प्रत्यक्ष था पर
पहले—सा बेपरवाह....

गुज़र जाती मैं उसके सामने से
हिलती—डुलती बयार की तरह....

वो घर तक साया बन आता ऐसे
छुपकर नज़र से रक्षा करे जैसे....

महसूस होता है मुझे....
कई टुकड़ों में मन बंटा है,
नफ़रत—भरी किसी की बातों से उसके,
किसी का नाजायज़ किया हुआ कर्म
कई जन्मों से स्वीकारता
चला आ रहा हो जैसे....

वैसे मैं तो कब से उसकी नकारात्मकता को
काले रंग में सोखने के लिए प्रतीक्षारत हूं।

☙89❧

आसमां से टूटा इक तारा
वादा करे वो मन का पूरा....

गहरी आंखों की तराई में उतरने को बेक़रार
धड़कनों की थाप आहिस्ते क्षणदा में वल्ली–सी।

❧90❧

प्यासी मेरी मिट्टी धरा की
बोये मिलकर बीज गिट्टी की,
सपने देखे खोई अंखियां मेरी
कटती नहीं ये तन्हाइयां घिरी,
सांवले बादल बरस जायें सब
शाही मन पर कभी मेरे अब।

❧91❧

हृदय का आधार तुमसे....
ममता का विस्तार तुमसे....
अंतरतम का गान तुमसे....
कृति का कौतुहल तुमसे....
आशा का अनुराग तुमसे....
साज़ की आवाज़ तुमसे....
मां की सृष्टि है जबसे....

❧92❧

झुक जाती हूं उम्र के आग्रह पर
झुर्रियां भी चपेट में आतीं नहीं।

सावन—संग फूल भी खिलखिलाते हैं
बेवजह जब वो ख़याल आते हैं।

बेरुखी कब कैसे हो जाये अभिव्यक्ति
मेरे संग वे जी भर मुस्कुराते हैं।

93

बातों से आती सुगंध है
चुप्पी से आती गंध है....

दायें–बायें का खेल ज़िंदगी
कथा–कहानी बांचती बंदगी।

❧94❧

चुन रहा था मन कहीं
जले चंदन में तन मिले कहीं
ख़ामख़ाह मोहब्बत ढूंढ़ती थी
नाजायज़ बातों में उसके कहीं।

❧95❧

मन में तैरता ढूँढ़ता है वो
जैसे किसी कश्ती को भूखंड की तलाश हो....
ठहर जाना चाहता है मुझमें....।
ये रेत से लिपटी हुई कोई
मृगतृष्णा तो नहीं....??

सोचती हूं गुमसुम....
सब समय पर छोड़ दूं
तो ही अच्छा है....

❧96❧

धूल जमी है मन के पंखों पर सबके....
धूल
तापमान में नमी लाती है वैसे
तटस्थता
मन में उठे क्रोध नम करती जैसे
धूल
ज़हरीली गैस करती कम है वैसे
मौन
उस ज़हर को काटता है जैसे
धूल
वातावरण मे रखती स्थिरता वैसे
दूरी
दृढ़ता को बनाये रखती है जैसे
कभी—कभी
पड़ी रहने दें
मन पर धूल
तब शायद ही
होगी बड़ी भूल....।

৩৩97৩৩

हां, मैं काशी हूं.....
चाय की तलब–सी काशी.....
हां, ये नगर है बनारसी
आज मैं पूरी काशी हूं,
नाव की बनी मांझी हूं,
शरद चांदनी की साक्षी हूं
हां, मैं काशी हूं....।

तट की आरती में कर्पूर–सी
मणिकर्णिका में धधकती चिता भी
ठुमरी, दादरा के ताल–सी
आरती और अजान भी
हां, मैं काशी हूं....।

तीखी कचौरी, लंका की लस्सी
तंग गलियों की टेढ़ी जलेबी–सी
मीठी रबड़ी, पान बनारसी
रेशमी मुलायम साड़ी–सी
सुबह जिसका ओंकार होता
हां, मैं काशी हूं....

गौरी की कोमल करुणा–सी
शिव के तांडव नृत्य में
विषम रुद्र कृत्य–सी
सकल शून्य निनाद भी
हां, मैं काशी हूं....।

प्रणय दीप प्रकाश बिखेरती

मालवीय की शिक्षा में पलती
अभिव्यक्ति की नगरी में
इच्छा सृष्टि वर्ण हूं रचती
हां, मैं काशी हूं....।

तृषित चांदनी रात में
मन पटल खोल विहार में
कौतुक भावना बहती धार में
हां कांपती मेरी ठौर में
नाम तुम्हारा हर पोर में
हां, मैं काशी हूं....।

सतरंगी गंगा का छोर है
धारा मुड़ती तेरी ओर है
कथा, कहानी, काव्य बन
महाकाव्य में रची–बसी
हां, मैं काशी हूं....।

98

परनानी नानी और मां से होता हुआ
मुझ तक पहुंचा पीतल का बासन
अमृतपूर्ण शोभायमान
मोह—सा हृदय में
कैसे सौंपूं महरी को मैं....

उपहार नहीं होता अंश
भौतिक दुनिया का,
उपहार भौतिक होते हुए भी
होता है अभौतिक
जिसमें समाहित होता है
विचार—शून्य चेतना का भाव
जिसे प्रेम कहा जाता है।

उपहार होता है कई बार
भावना का सर्वोच्च स्तर
भावना जब छूती है अपने सर्वोच्च को,
तब वो आकाश—जैसी ऊंचाई पर जाकर
बारिश की बूंदों की फुहार करती है....
जो गिरती है उसकी हाथ में
जो महसूस करता है भाव—रूपी
बूंद को....।

99

तब कपोल आरक्त थे तुम्हारे
जब नब्ज़ पर धरा था हाथ हमारे
चटकी चूर हरी चूड़ियां तुम्हारी
कसमसा छुड़ाया जब हाथ प्यारे।

अधीर हृदय था सिरहाने मेरे
साम्राज्ञी—सी शोभायमान मुखर
छलक रहा था रूप दैदीप्यमान
गौरवान्वित चक्षु लगा रहे थे फेरे।

❧100❧

स्वाति नक्षत्र—सा ओस की बूंद
बन गिरो मन कवच पर मेरे....
सुन्दर स्वप्निल दृग ये तेरे
खगोलीय मांग करो अब पूरे।

टूट कर बिखरना चाहती हूं वैसे
जैसे वसुधा पर गिरता पारिजात
जज़बात करता है अंदर नर्तन
ग्रह तारे भी करते अब कंपन।

सीप में बंद मोती जैसे चाहता हरदम
होना प्रतिफलित हो कर अब खंडन
सुन्दर साकार सौभाग्य बन मंडन
करो कला खोल कवच मेरे हमदम।

❧101❧

मन क्या कहता है....
भावनायें वेग से होतीं कुंठित
प्रतिभा कहीं हो रही खंडित
कभी सोचो क्यूं ये रंग खटकते हैं
क्यूं स्त्री रंग के होते रहती बेरंग है।

स्निग्ध रिश्ते मान खुलकर
मृदु उसे अब बह जाने दो
पहले जिसे कुचल डाला था
आज पल्लवित हो जाने दो।

इस वात्सल्य से भरी स्त्री को
खुद ही मनोनीत हो जाने दो
स्वयं स्वतंत्र भाव से होकर
जीवन परिपूर्ण कर जाने दो।

सुंदर जनसमूह का प्यारा हिस्सा
अब स्त्री को अभिन्न बन जाने दो
बेफ़िक्री–सी खुशबू–सी हवाओं में
हरसिंगार भाव–सा बिछ जाने दो।

हिम स्त्री को अब पिघलकर
कलकल नदी बन जाने दो
उष्ण करती गुणों से अपनी
अब उसे स्पंदित हो जाने दो।

रिश्तों परिवेशों से उतरकर
थोड़ा उसे बिगुल बजाने दो
धक्कों हिचकोलों से आज उसे
समतल भूमि पर चलने दो।

अंधकारमयी सर्द डरावनी सुरंग से
रौशनी जुगनू की इसे छू जाने दो
लक्ष्य ढूंढ़ती है जो ये सुंदर स्त्री
उसको बलशाली बन जाने दो।

पुलक—पुलक हृदय पुकारे इसका
मटमैली चादर स्वच्छ बनाने दो
घुटे—घुटे कमरे से निकल अब
प्रांगण में इनको दौड़ लगाने दो।

अत्यंत सुंदर भेदी दृष्टिभाव को
सरहद—रक्षा में बंदूक़ उठाने दो
निःशब्द अकुलाहट है जो भीतर
स्वप्न नहीं सच कर जाने दो।

आंगन के बाग—बगीचों से बाहर
ख्वाबों की हरियाली पनपाने दो
कदम डगमगाते हैं ज़रूर कभी
पर मंज़िल तक दौड़ लगाने दो।

आधुनिक अपराजिता है जो ये
वेद ऋचाओं से इसे निकलकर
चहूं दिस अब छा जाने दो।
स्वयं से जानने जाने की....
जटिल प्रक्रिया इनको सुलझाने दो।

....मैं इस इश्क़ का क्या करूं, जो तुमसे है.... ये ज़िन्दगी तुम्हारे द्वारा, तुम्हारे लिए और सिर्फ़ तुम में शून्य होने को रची है.... तुम्हें जानने के लिए मुझे स्वयं को पहले जानना होगा.... रुकना... ज़रा.... थोड़ा संवर लूं.... तुम्हें शृंगार प्रिय है न प्रिये....

.....श्री

•••

www.ingramcontent.com/pod-product-compliance
Lightning Source LLC
Chambersburg PA
CBHW022002150726
47990CB00002B/567